保育者応援BOOKs

保育者の働き方Q&A

編著・監修●チャイルド社

チャイルド社

JN034401

はじめに

子どもは一人ひとり違います。
保育者も一人ひとり違います。
だから保育は、おもしろいけれどむずかしいのです。
こんなときどうしたらいい？——保育の仕事を始めたばかりのみなさんはとくに、
毎日が悩んだり迷ったりの連続でしょう。

そこで本書では、
毎日の保育のなかで出会うことの多い「どうしたら？」を具体的にあげてみました。
そして、大人の都合ではなく、子どもの目線で考えることを大切に、
答えを用意してみました。

実際に直面している個々のケースに、
この答えがそのまま通用するわけではないでしょう。
しかし、保育の質を高めるために大切なのは、
保育者自身が自分で考えスキルをアップさせていくことです。
そのためのヒントのひとつとして、
本書を役立てていただければ幸いです。

チャイルド社　出版セミナー部

保育者応援BOOKS
保育者の働き方

Q&A

CONTENTS

マナー

雇用関係

- 毎日の保育で生まれる保育者のリアルな悩みを取り上げました。
- 悩みに対する直接的な回答だけではなく、保育に必要なスキルや、すぐに使える アイデアを紹介しています。

目次ページ（見開き）画像

気になるテーマや項目を選んで読むことができます。

保育の実践における保育者の悩みをテーマごとに配置しました。

キーワード検索ページ画像

保育にかかわるキーワードから検索できます。

現場のリアルな悩みを具体的に記しています。

本文見開き画像

「悩み」に対して、基本となる考え方や具体的な対応の仕方を紹介しています。

回答を捕捉する情報や、さらに必要なスキル、すぐに使えるアイデアを紹介しています。

Q1

マナー

電話の応対。
上司を呼び捨てに
しづらい

園長宛ての電話がかかってきた際、不在だったため「あとで園長の〇〇さんから電話します」と言ったら、先輩保育者に「さんをつけるのは間違い」と指摘されました。園長を呼び捨てにしにくいのですが。

A

自園の職員の名前には
敬称をつけないのがマナー。
経験するうちに言い慣れてきます。

　電話の相手などに対しては、自園の職員の名前に敬称をつけないのが基本です。この場合、「のちほど園長の〇〇からお電話いたします」とするのがよいでしょう。

　電話だけではなく、来客への応対についても同様に、自園の職員の名前には敬称をつけず、「〇〇ですね。お待ちください」などのように伝えます。慣れないうちは緊張するでしょうが、何度か経験するうちに適切な受け応えができるようになります。

　間違っていることがあったらそれを正し、次の応対にいかせるといいですね。

プラス

電話を受けた場合は、まず名乗る

- 電話がかかってきたら「はい。○○園の△△です」と名乗ることが基本。

不在の場合はメモを忘れない

- 電話を受けた日付と時間、相手の名前を記入する。
- 折り返し電話をかける必要がある場合は、番号を確認して記入する。

伝言はメモをとり復唱も

- 不在の場合、「折り返しおかけいたしますか」「伝言を承りましょうか」と尋ねる。
- 伝言を聞く場合は必ずメモをとり、復唱して確認する。

電話応対のルールを作る

- 職員全員が相手に失礼のない応対ができるよう、園内でルールを決めておく。

実践練習をする

- 園内研修等で電話応対の練習の機会がなければ、同僚に声をかけて実践練習をするとよい。
- 互いに役割を交代しながら、想定外の内容に臨機応変な応対ができるかも練習しておきたい。

Q2 マナー

タクシーで座る位置は？

会議に参加するため園長、副園長とタクシーで向かうことになりました。私はどの位置に座ればよいのでしょうか。

タクシーは運転席の後ろが上座、いちばん低い席次は助手席が基本。

　タクシーの場合、運転席の後ろが上座になり、助手席がいちばん低い席次になります。なので、園長には運転席の後ろに座ってもらいます。最も地位の低い保育者が助手席に座り、副園長は助手席の後ろの座席に座ってもらいましょう。もう一人保育者が同行する場合は、後部座席の真ん中を利用します。

　降りる際には、助手席に座った保育者が支払いをします。できるだけ1万円での支払いは避け、領収書を受け取ることを忘れずに。

　なお、大きなものやたくさんの荷物がある場合は、運転手に伝えてトランクに入れるようにします。

座るときは
姿勢よく

● 車に乗る際は足を広げたり投げ出したりせず、ひざ頭をそろえて姿勢よく座る。

行き先について
下調べをしておく

● 目的地の住所や付近のランドマークなどを調べておき、運転手に伝える。
● 運転手がよく知らない場所のようであれば、道順や曲がる箇所を伝えられるようにしておくとスムーズ。

園長　副園長

自分

タクシー乗車時の席次

上司が運転する場合の席順

助手席が上座になり、運転手を除いたいちばん位の高い人が助手席に座ります。以下、運転手の後ろ、助手席の後ろ、後部席の真ん中の順になります。

Q3

マナー

来客にすすめる
席を迷う

来客を応接室に案内するとき、いつもすすめる席を
迷います。こちらの誰が対応するのかや、相手によ
っても席は変わりますか？

出入り口から遠い席が
来客の座る上座。
地位の高い人から先に案内を。

　応接室など室内の席には上座と下座があります。出
入口から遠い席が上座、近い席が下座になり、地位の
高い人、目上の人から上座に座ります。

　園の誰が対応するかにかかわらず、来客は常に上座
に座ってもらうのが基本です。ただし、応接室の出入
り口の位置や、椅子の配置によっては、どこが上座に
なるかがわかりにくい場合もあるので、確認をしてお
きましょう。

　来客が複数いる場合、地位の高い人から先に上座に
案内します。事前に来客の役職や年齢がわかっている
ようであれば、それを確認し、どのような席順になる
かをメモしておくとよいでしょう。

プラス

応接室はノックを
してから
ドアを開ける

- 来客を案内するときは、応接室や会議室まで先導して進む。
- 部屋のドアをノックして空室であることを確認してからドアを開ける。

来室をすすめ、席を
案内し、お辞儀をして
退室する

- 来室をすすめ、「どうぞ、こちらにおかけください」と上座を案内する。
- 来客が座ったら、「○○は間もなくまいります。しばらくお待ちください」と言い、「失礼いたします」とお辞儀をして退室する。

応接室や会議室の席順

＜複数掛けのソファーがある場合＞
- 2人掛けや3人掛けのソファーと1人掛けのソファーがある場合、複数座れるほうのソファーが上座になる。
- 複数座れるソファーの、入り口から奥のほうが上座。

＜6名以上の会議の場合＞
- 片側3名以上で席に着く場合、上座は中央になる。

Q4

マナー

お茶の出し方に自信がない

お茶やコーヒーを出すとき、手順が合っているか、どのように出すのが正しいのか、いつも不安になります。正しいマナーを知りたいです。

お茶を出すのは上座の来客から順番に。右後方から出し、右側に置くのが基本。

　来客にお茶やコーヒーを出す場合、湯呑みは茶たくに、コーヒーカップ等はソーサーにのせてから、お盆に並べて運びます。お盆は胸の高さに持って運びましょう。

　お辞儀をして室内に入り、スペースがあれば一旦お盆を置き、上座に座っている来客から順に出していきます。お茶を出す相手の右後方にまわり、右側から両手で出すのが基本です。狭くて両手で出せない場合や右後方から出せない場合は、「片手で失礼いたします」「前から失礼いたします」などと声をかけながら出すようにします。

　お茶を置く位置は来客から見て右側で、日本茶の場合は湯呑みの絵柄は来客のほうに向けます。コーヒーや紅茶はカップの取手が右側になるように置き、スプーンの持ち手が右側になるようにカップの手前に添えます。

　お茶出しがすんだらお盆を脇に抱え、「失礼いたします」とお辞儀をして退室します。

プラス

ドアの開け閉めは片手でおこなう

●お茶を持って入室する場合、片手でお盆を持って、もう片方の手でドアをノックしたり、開け閉めをする。

日本茶のいれ方

日本茶（煎茶）の基本のいれ方を紹介します。

1 お湯はいちど湯呑に入れて、温度を下げる

● 湯呑みを人数分用意する。
● ポットなどの湯を、湯呑みに8分めほど入れてしばらく冷ます。

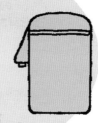

2 葉を急須に入れる

● 煎茶の場合、1人分ティースプーン1杯（2g）を目安に、人数分の茶葉を急須に入れる。

3 湯呑みでさました湯を 急須に入れる

● お茶の葉が開くまでゆっくり
  待つ。
  煎茶の場合は、1分が目安。

4 湯呑みにお茶を注ぐ

● 人数分の湯呑みに少しずつ注
  いで、お茶の色が均等になる
  ようにする。
● 最後の一滴まで注ぐ。

急な休みの連絡は
メールでいい？

朝、急に体調が悪くなったときの連絡は、メールで
してもよいのでしょうか。朝は人手が少なく、電話
をするのがためらわれます。

A

基本的にはメールはNG。
電話で理由や保育の申し送りを
します。

　欠勤をする場合は、電話でおこなうのが基本です。
メールやファックスは、すぐに確認できない可能性が
高いので、緊急時には不向きです。

　体調が悪いのであれば、その具合や症状、病院の受
診や回復の見通しなどを伝えましょう。無理に出勤し
て園で症状が悪化したり、子どもにうつしたりするこ
とを避けるために、休んで体調を整えることが大事で
す。感染症の疑いが考えられる場合は、必ず受診し、
検査をしてください。

　また、欠勤の連絡の際には、保育に必要な申し送り
事項も忘れずに伝えます。

　急な体調不良は仕方がないことですが、頻繁に休む
ことがないよう日ごろの健康管理を心がけましょう。

早く復帰できる努力をする

- 休みが長引かないよう、休んだら無理をしない。
- 診察を受けたらその助言にしたがって安静にする。

欠勤明けはあいさつを忘れない

- 復帰したら職場のみんなにお礼を忘れずに伝える。
- 子どもたちにも「もう元気になったから大丈夫」と安心できるような言葉をかける。

届出の必要なケースと注意点

欠勤以外の届出についてまとめます。

事前に予定している場合

- 休暇、遅刻、早退ともに、届出を出して許可を得る。
- 遅刻や早退については、理由を伝える。
- 保育内容など、必要な伝達をしておく。
- 必要に応じて連絡先を伝えておく。

急な遅刻、早退の場合

- 遅刻はすぐに電話をし、遅刻の理由、到着の目安、到着までの保育内容を伝える。
- 遅刻の理由が交通機関の遅れの場合、遅延証明をもらう。
- 早退は理由を伝え、保育を引き継ぐ。

園児の保護者の葬儀に行くべきか

マナー

園児の父親が亡くなられました。担任として葬儀に行くべきでしょうか。また、園の誰に伝える必要がありますか。

まずはお悔やみを述べて、詳細を確認。誰がいつ弔問するかは園長に相談します。

弔事の連絡を受けたら、「お知らせいただき、ありがとうございました」とお礼を言ったうえで、「ご愁傷さまでございます。心よりお悔やみを申し上げます」とお悔やみの言葉を述べます。そのあとで、通夜や葬儀について聞きます。

確認の際に、故人の氏名、喪主の氏名、喪主との間柄、通夜や葬儀の日時と場所、宗教、葬儀場の住所と電話番号を確認しましょう。

園児や園児の家族が亡くなった場合は、園長に相談し、通夜、葬儀、告別式に誰がどう参列するのかなど指示を待って対応します。

通夜は本来、身内や親しい人たちで別れを惜しむ儀式なので、一般的には葬儀・告別式に参列するのが望ましいとされていますが、地域の風習によって、または勤務の都合でむずかしい場合などは、通夜に参列する場合もあります。

服装に気をつける

- 基本は黒のワンピースかフォーマルスーツを着用する。
- ストッキングやバッグ、靴などは、黒いものを身につける。光沢のある素材は避ける。
- アクセサリーはゴールド系を避ける。
- 化粧は控えめにする。

弔事用の服や靴、バックなどを用意しておく

- いつ必要になってもよいように、一式用意しておく。

香典のマナーと金額の目安

不祝儀袋（香典袋）の表書き、包み方、紙幣の入れ方、金額について紹介します。

不祝儀袋の表書き

● 不祝儀袋の表書きは、「御霊前」が一般的（宗教によって異なる）。
● 文字は薄墨で書く。
● 下段には、会葬者のフルネームを書く。

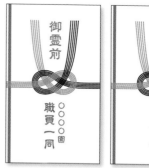

● 園として香典を出す場合は、「園名と園長名」「○○園一同」など。

● 連名で出す場合の表書きは3名まで。
　3名以上の場合は別紙に記入し、香典の中袋に入れる。

入れ方・包み方

- 旧札が基本だが、あまりよれたものは避ける。新札の場合は一度折る。
- 中袋に入れてから、外包みで包む。
- 持参するときは、さらに「ふくさ」（弔事用は、緑・青・紺・紫色など）に包む。

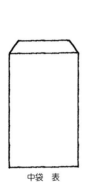

中袋　表

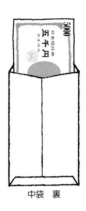

中袋　裏

- 一般的には、中袋を裏にして、お札の表（人物が描いてあるほう）が見え、人物が下になるように入れる。

香典の額の目安

- 金額は園の規定、園長の助言に従う。
- 職場関係の場合、5000円が相場。
- 金額に合わせた香典袋を選ぶ。

３千円・５千円	１万円〜	３万円〜
↓	↓	↓
水引が印刷されたもの	白黒の水引のもの	銀色の水引のもの

担当クラスの
子どもが入院。
お見舞いは？

担当クラスの子どもが入院しました。お見舞いに行きたいのですが、行ってもよいのでしょうか。その際、園に相談すべきですか。

まずは保護者にお見舞いに行ってもいいかを確認。
その後で園長・主任に報告し、相談をします。

　保護者から入院の連絡を受けたら、まず「お知らせいただき、ありがとうございました」とお礼を言ったうえで、病名や病状、おおよその入院日数、病院名と病室、連絡先、面会時間、お見舞いに行ってよいか、いつならよいかなどを尋ねます。そして園長・主任に報告し、いつお見舞いに行くか、何を持っていくかなど、対応を確認します。

　お見舞い品は、絵本や折り紙など、子どもが病院で静かに遊べるものがよいでしょう。

　お見舞いに行ったら保護者の話にも十分耳を傾け、その後も継続して連絡を取り合いましょう。

プラス

お見舞いには清楚な身なりを心がける

● 暗いイメージや派手な印象のものは避ける。

お見舞い時間は15 〜 30分を目安に

● 相手が疲れないよう配慮する。

お見舞い品は事前の確認を

● 病棟や病状によって　花や食べ物などが禁止されているものもあるので、病院に事前の確認をする。
● 食べ物を選ぶ場合は、日持ちがするもの、持ち帰りしやすいものを選ぶ。

ほかの患者への気遣いを忘れない

● 大部屋の場合は、「こんにちは」「失礼します」といったあいさつや気遣いをする。

Q8
マナー

保護者から旅行のお土産を受け取っていい？

旅行のお土産です、と担任の私にだけお土産をいやだきました。受け取ってもよいのでしょうか。園に報告が必要ですか。

感謝の言葉を伝えたうえで、園のルールを理解してもらえるように伝えます。

　保護者からのお誘いやお土産は、断るのが基本です。その際、「規則なので受け取れません」と言って無下に断ると、相手が気持ちを害する可能性があります。

　まずは相手の厚意に対してお礼の言葉を伝え、そのうえで、受け取れない理由を伝えます。やわらかい口調で「ありがとうございます。お気持ちはうれしいのですが、園ではお断りをすることになっているのです。申し訳ありません」とていねいに断りましょう。

　好意を断るのは心苦しいものですが、園のルールに理解と協力を得ることは大切です。保護者がそのルールを知らなかったのであれば、改めて伝えるよいきっかけととらえましょう。

感謝と残念な
気持ちを伝える

●お手本通りの言葉では
なく、自分なりの言葉
で感謝と残念な気持ち
を伝えることで、相手
に気持ちが届く。

しつこい場合は
上司に相談する

●断っても相手が引か
ない場合は、園長や
主任など上司に相談
する。

お気もち
だけで…

Q.9

マナー

髪の色を変える
ように言われた

園長から「髪の色が明るすぎるので、染め直してくるように」と指摘を受けました。就業規則に髪の色の指定はないのですが、従うべきですか。

周囲から信頼感や好意的な
印象をもたれる
髪色を選びましょう。

　どのような職場でもいえることですが、身だしなみは大切です。保育者は、子どもや保護者をはじめ接する人が多い仕事なので、信頼感や好意的な印象をもたれる身だしなみを心がける必要があります。

　髪の色について、たとえ就業規則にないとしても、あまり明るい色にするのは避けるべきでしょう。「子どもたちの前に立つ教育者」であることを忘れてはいけません。

　保育中は子どもの顔にかからないよう、長い髪を結ぶ、前髪をしっかり留めるなどの配慮も必要です。落ちやすい飾り物がついているゴムや、子どもに当たったら危ないと思われるヘアピンなどは避けましょう。

メイクも
ナチュラルを
心がける

●髪の色だけでなく、メイクも派手な印象にならないようにする。

子どもの安全を
最優先に考えた
身だしなみを心がける

●アクセサリー類は、保育中はつけないのが基本。
●落ちたりはずれたものを子どもが飲み込む危険がある。
●爪は子どもを傷つけることがないように短く切る。
●つけ爪、マニキュア、ペディキュアは避ける。

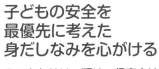

通勤着と
同じにしない

●通勤時と保育時の服装は変える。
●保育に不適なジーンズなどは避ける。

Q-10

マナー

会議に出席する ときの服装は？

近隣小学校との幼保小接続会議があります。どのような服装で行けばよいでしょうか。

落ち着いた色合いの ベーシックな服装で、清楚な印象に なるよう心がけます。

　外での会議に出席する場合は、園の代表として周囲の人から見られているという意識をもちましょう。カジュアルすぎず、ベーシックなものを選び、清楚な印象になるよう心がけます。派手な色を避け、同系色でまとめると落ち着いた印象になります。

　髪は、ぼさぼさしている、顔にかかりすぎているなど不潔な印象にならないように。広がりやすい場合は束ねるようにします。

　足元は生足や高いヒールなどは避け、ストッキングとベーシックなパンプスを着用します。

プラス

靴を脱ぐ可能性も考慮する

●靴を脱いで上がる可能性も あるので、脱ぎにくいブー ツや履くのに時間がかかる ものは避ける。
●ストッキングや靴下にも気 を配る。

ナチュラルメイクで

●ノーメイクは避け、淡 いチークや明るい色の 口紅で明るい印象を心 がける。
●爪は短く整える。

Q11

マナー

運動会の来賓として出席する際のマナーは？

近隣保育園の運動会に呼ばれ、園代表としてうかがうことになりました。服装や、他園の方とのかかわり方についてのマナーを知りたいです。

運動会に適した服装を選びます。時間を守り、あいさつを忘れずに。

　運動会なので、競技に参加しないとしても、運動会に適した動きやすくカジュアルな服装を選びます。ただし、園の代表として出席することを意識し、よれたようなふだん着は避け、パリッとしたものを選びましょう。派手すぎる色合いも避けます。

　招待客ならば、席が用意されているでしょうから、案内された席に落ち着いて座っているのが基本です。先方の園長や職員、同席した方には、園名と名前を伝え、自分からあいさつをしましょう。とくに、先方の園長には、招待いただいたお礼のあいさつを忘れずにします。

早めに着く
ようにする

●開始時間より早めに着くよう、事前に場所と道順を確認しておく。

身だしなみに
気をつける

●髪はきちんとまとめて、顔がよく見えるようにする。
●ナチュラルメイクで、屋外の場合は日焼け止めを塗っておく。

途中の退席や
遅刻は事前に伝える

●途中退席する場合は事前に伝えておく。
●応対してくれた職員にお礼のあいさつをして帰る。
●遅刻をしそうなときは「申し訳ございません。あと○分ほどでうかがいます」などと、事前に連絡を入れる。

Q.12

給与

給与が 変わらない

給与は評価に応じて変動すると言われましたが、勤続4年過ぎても毎年同じです。

給与体系や評価について 園に確認してみましょう。

　勤務態度や能力に問題がないのに給与が変わらない場合は、思い切って園に申し出てみましょう。ただし、その前に、園の給与体系や、給与に関する基本的な知識を押さえておくことが必要です。

　基本給の支給基準は、雇用契約書または就業規則で定められています。職員が10人以上の園であれば、就業規則が定められているはずで、その就業規則に「基本給表」があることが多いでしょう。

　また、昇給の有無や程度についても、雇用契約書や就業規則に書いてあるはずです。いずれにしても契約書や就業規則の内容を確認するとともに、園の給与体系や評価について話を聞き、理解することが必要だと思われます。

保育士等のキャリアアップ

保育士の専門性向上と処遇改善のための「保育士等キャリアアップ研修」が実施されています。修了後、処遇改善が期待できます。

キャリアアップ研修の概要

研究分野
1. 乳児保育
2. 幼児教育
3. 障害児保育
4. 食育・アレルギー対応
5. 保健衛生・安全対策
6. 保護者支援・子育て支援
7. 保育実践
8. マネジメント

副主任保育士

要件
ア 経験年数概ね7年以上
イ 職務分野別リーダーを経験
ウ マネジメント＋3つ以上の分野の研修を修了
エ 副主任保育士としての発令

専門リーダー

要件
ア 経験年数概ね7年以上
イ 職務分野別リーダーを経験
ウ 4つ以上の分野の研修を修了
エ 専門リーダーとしての発令

職務分野別リーダー

要件
ア 経験年数概ね3年以上
イ 担当する職務分野（上記①〜⑥）の研修を修了
ウ 修了した研修分野に係る職務分野別リーダーとしての発令

※乳児保育リーダー、食育・アレルギーリーダー等
※同一分野について複数の職員に発令することも可能

Q13

給与

修繕費を給与から引かれた

不注意で楽器を壊してしまいました。私の不注意とのことで修繕費用を給与から引かれましたが、納得いきません。

給与からの差し引きはルール違反。修繕費用の全額負担は公平ではありません。

　雇用主である園は、原則として給与は全額支払わなければならないとされています。そのため、損害の賠償を求めて、修繕費用などを給与から差し引くことは認められていません。

　仮に職員に修繕費用の負担を求めるのであれば、給与からの差し引きではなく別途の請求になります。ただし、園の業務のなかではこうした損害が発生することはある程度予測できるので、職員の不注意で修繕費用が発生した場合でも、全額を職員に負担させるのは公平さを欠くと考えられます。

　今回の損害を給与から差し引かれた件については、園に申し出てみてはいかがでしょう。

プラス

給与明細を確認する習慣を

● 給与の内訳を明細書でよく確認する。
● 給与を口座振り込みにしている場合は、振り込みと金額を確認する習慣をつける。

給与明細の項目と賃金構成

給与明細の項目

支給項目	基本給、割増賃金、役職手当、住宅手当、通勤手当など
控除項目	法定控除(社会保険、税金)、協定控除(組合費、社宅家賃など)
勤怠項目	出勤日数、残業時間、休暇日数など

賃金構成の例

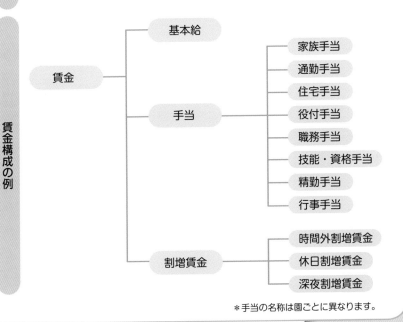

＊手当の名称は園ごとに異なります。

Q14

給与

雇用条件にある
賞与が支給されない

賞与ありと雇用条件には明記されていましたが、入社後、1年経たないと賞与はでないと言われました。腑に落ちません。

細かい規定がある可能性も。
就業規則を確認してみましょう。

　賞与は、支給することが義務づけられているものではありません。賞与を支給するかどうかや、いくら支給するかは、原則として雇用主の裁量にゆだねられています。

　また雇用主は、就業規則（賃金規程）に、賞与の支給対象者を一定の日（たとえば、6月1日や12月1日、賞与支給日など）に在籍した者とする定めを設けることで、その日に在職しない者には支給しないとすることもできます。

　就業規則を見直し、賞与に関する記載を確認してみましょう。賞与の支給基準について園の方針を理解しておくことは有益なことなので、就業規則でわからない点について聞いておくのもよいでしょう。

プラス

就業規則、賃金規定を確認する

- 就業規則は職員の周知が原則。書面が配られているか、データや掲示物などで職員がいつでも確認できるものになっているか確認する。
- 就業規則に目を通し、内容を知る。

 賞与とは

- 職員等に対して、月給とは別に支給する給与。賞与、ボーナス、特別手当などの名称が使われる。
- 法律上は必ずしも支払いを約束されるものではない。
- 支給回数や額は会社ごとに定められる。

就業規則の項目の例

就業規則にはどのような内容が書かれているかを紹介します。

目次例	項目例
総　則	●目的 ●適用範囲
労働時間、休憩、休日に関する規則	●始業および終業の時刻 ●休憩時間 ●休日 ●職員を2組以上に分けて交替に就業させる場合においては、その交替日、交替の順序などに関する事項
時間外労働・休日労働に関する規則	●時間外労働 ●休日労働
休暇・休職に関する規則	●法定休暇（年次有給休暇、生理休暇） ●園独自の特別休暇（慶弔休暇、病気休暇等、以上の定めをおく場合） ●休職（業務外の病気やけがの療養のための休職等）
給与に関する規則	●賃金の決定、計算および支払い方法 ●賃金の締め切りおよび支払いの時期 ●諸手当 ●昇給の有無・時期等 ●休暇等の賃金 ●賃金の支払いにおける欠勤等の取り扱い ●割増賃金 ●時間外労働の割増賃金に代わる休暇（代替休暇の制度を設ける場合） ●賞与の支給対象時期、算定基準、査定期間、支払いの方法

目次例	項目例
出産・育児・介護休業に関する規則	●産前産後休業 ●妊産婦の労働時間制限 ●育児休業 ●介護休業 ●子の看護休暇、介護休暇 ●育児介護中の労働時間の制限・労働時間短縮、育児時間
安全および衛生に関する規則	●健康診断 ●ストレスチェック
服務規律	●遵守事項 ●パワーハラスメントの禁止 ●マタニティハラスメントの禁止 ●セクシュアルハラスメントの禁止
採用、異動等に関する規則	●採用手続き、採用時の提出書類 ●試用期間 ●労働条件の明示 ●人事異動
退職・解雇に関する規則	●定年等 ●退職および解雇 ●退職金（適用される職員の範囲、退職金の決定、計算および支払の方法ならびに退職金の支払いの時期、以上の定めをおく場合）
表彰および制裁に関する規則	●表彰（定めをおく場合） ●制裁（懲戒）の種類、基準、程度に関する事項（以上の定めをおく場合）

Q·15

給与

保護者から
弁償を求められた

保育中に子どもの服がなくなり、園内を探したが見つかりませんでした。保護者から弁償するようにと言われました。担任の私が払うべきなのでしょうか。

対応は園全体で話し合い、
改善策は保護者全員に伝えます。

　保育中にものがなくなるということは、あり得ることです。園内を探してもないのであれば、ほかの子が持ち帰った可能性もあり、保護者全員に確認する必要があるでしょう。

　その際、理解しておきたいのは、子どものものは保護者にとってどれも大事であるということです。保護者の思いを考慮した対応を心がけてください。

　苦情を申し入れた保護者には直接謝罪し、弁償の必要があれば個人ではなく園としておこないます。

　改善策については職員会議などで話し合い、職員全員で情報を共有します。そのうえで保護者全員に通知し、再発防止に向けて取り組んでいることを伝えましょう。具体的な努力をしているということが保護者の安心となり、苦情を減らすことにつながります。

プラス

園内で情報の共有をする

●苦情に関してすべての職員が対応できるように情報を共有する。

子どもの発達に合った対応を検討する

●子どもが片づけたものは最後に保育者が再確認することを徹底する。
●ものの紛失を子どものせいにせず、年齢ごとに保育者のどんな配慮が必要かを見直す。

ものの管理や紛失時の対応を話し合う

●ものがなくなったときの対応について、職員会議などで管理や改善策も含めて話し合う。
●保育の流れや保育者間の連携を再検討し、紛失を防ぐ努力をする。

Q16

給与

時間外の業務に給与が出ない

保育時間を超えて、記録作成や翌日以降の保育準備をしなくてはなりません。経験が浅いため時間がかかり、毎日2時間残っていますが、その分の給与はでません。

残業は、園から職員に命じるもの。自主残業が重なるなら、上司や同僚に相談しましょう。

　基本的に残業は、行事の準備など期限のある業務が完了しないときに園が職員に命じるもので、職員の都合でおこなうものではありません。正しいあり方としては、残業が必要な場合、職員はその理由を添えて直属の上司に申請し、上司が残業は必要だと判断した場合に、残業を命じられるというかたちです。

　勤務時間の終わり近くになって仕事が終わらないからと、上司に断りなく勝手に残業するのは本来認められていません。

　ただ、それほど残業が続くのであれば、給与についての相談ではなく、本当に残業が必要か、助けを依頼すべきかなど、上司や同僚を含めた話し合いや勤務内容の見直しが必要になります。まずはそこから相談してみましょう。

プラス

残業・休日労働申請・承認・報告書を作成する

● 上司の承認を得られた残業であることを明確にするため、書類を作成する。

労働時間を記録しておく

● 勤務内容が改善されず、園が勝手な残業として黙認している場合は、労働時間の記録があれば残業代を請求することができる場合もある。

残業・休日労働申請・承認・報告書の様式例

残業が必要な理由を添え、上司の判断を仰ぐ際に利用します。

　　　年　　　月分　　　　　　　　　　　　　　　　　　　　　　氏名＿＿＿＿＿＿＿＿

			申　請			承認		報告		
日付	勤務形態	終業時刻	残業等時間	残業・休日労働によりおこなう業務・事由	本人印	上司印	残業時間	本人印	上司印
／		：	：				：		
／		：	：				：		
／		：	：				：		
／		：	：				：		
／		：	：				：		
／		：	：				：		
／		：	：				：		
／		：	：				：		
／		：	：				：		
／		：	：				：		
／		：	：				：		
／		：	：				：		
／		：	：				：		
／		：	：				：		
累　計							：		

Q17

就業時間・休暇

休憩時間が
とれない

１時間の休憩がとれることになっていますが、実際は午睡時の子どもの対応や休んだ職員の業務などで、ほとんど休憩時間がとれません。

園児の午睡中は「休憩」にはなりません。
まずは、週の労働時間を記入してみましょう。

労働基準法では、労働時間は１日８時間以内かつ週40時間以内と定められています。１日の労働が６時間を超える場合は45分以上、８時間を超える場合は60分以上の休憩を与えなければならないとされています。

休憩は、労働時間の途中で疲労を回復させる時間です。なかには園児が午睡中の時間を職員の「休憩」と呼んでいるところがありますが、園児の様子を見守っている状態は労働から解放されておらず、休憩とはいえません。その間に子どもの対応や休んだ職員の業務をおこなっているとすれば、その時間は労働時間にあたります。

１日８時間、または週40時間を超えて働いた場合は時間外労働となり、時間外割増賃金が発生します。１日の労働時間、週の労働時間を記録してみて、時間外労働があれば、園に申し出ましょう。

法定時間外労働の理解

- 労働基準法が定める「法定労働時間」は、1日8時間以内、かつ、週40時間以内。
- 法定労働時間を超える労働を「時間外労働」という。また、週1日の法定休日（保育所等では一般的に日曜日）に労働を求めることを休日労働という。
- 時間外労働、休日労働には割増賃金が発生する。

割増賃金の種類と割増率

時間外割増賃金	法定労働時間（1日8時間・週40時間）を超えたとき	25%以上
	法定時間外労働が限度時間（1カ月45時間、1年360時間など）を超えたとき	25%以上
	法定時間外労働が1か月60時間を超えたとき	50%以上※
休日割増賃金	法定休日（週1日）に勤務させたとき	35%以上
深夜割増賃金	22時から5時までの間に勤務させたとき	25%以上

※中小企業については2023年4月1日より適用。それ以前は25%。

Q-18

就業時間
・休暇

休日出勤をしても
代休がとれない

体調不良の職員が出たり、行事対応で土曜勤務が多くなりました。平日に代休をとりたいのですが、シフトの関係でそれもむずかしく、結果、休みが少ないです。

園の就業規則を確認し、
同僚や先輩とも相談のうえ
園に対策を願い出ましょう。

　そもそも、法律上、休日出勤をした場合に必ず代休がとれるようにはなっていません。休みがとりにくい状況はおそらく職員全体の問題だと思われます。同僚や先輩とも相談をし、園に対策を願い出てはどうでしょう。ただし、その前に、園の就業規則を把握しておくことも必要です。

　「休日」については、法定休日（労働基準法が定める週１日の休日）と所定休日（園が定める休日）があります。週休２日制の場合、どの日が法定休日にあたるか、就業規則に明記されているはずです。

　法定休日に働いた場合は休日割増賃金が発生し、所定休日に働いた場合は発生しません。ただし、労働基準法の１日８時間または週40時間を超えているようなら原則として割増賃金が請求できます。

　園の就業規則と照らし合わせて、労働時間を超えているかどうかを確認してみましょう。

就業規則を学び合う機会をつくる

- ●就業規則を学び合う機会を提案する。
- ●園内研修のテーマに取り上げてもらうのもよい。

変形労働時間制について

労働基準法の1日8時間、または週40時間を超える労働を例外的に時間内労働として扱う変形労働時間制という制度があります。

1年のうち対象期間（1か月を超え1年以内）における労働時間が平均して週40時間を超えない限り、1日10時間、週52時間、連続6日まで、時間内労働とすることが認められています。

なお、この制度を利用していたとしても、労働時間には上限があります。

Q-19

就業時間・休暇

休暇が
とりにくい

体調不良以外での休暇を申請しづらい雰囲気があります。何か対策があれば知りたいです。

６か月間、８割以上の出勤で
有給休暇の取得が可能。
園内で互いの休みを補い合える
関係づくりを。

　雇用主は、入職後６か月継続して勤務し、そのうち８割以上出勤した職員に年次有給休暇を与えなければならないとされています。ですから、理由を問わず休暇をとる権利があり、年次有給休暇の取得は、職員が希望する日にできるのが原則です。とはいえ、勤務シフトの調整もあり、取得日は園との相談が必要でしょう。また、行事日や行事準備、年度替わりの繁忙期などにあたる場合は、園が別の日に変更させることができます（時季変更権の行使）。

　休暇の取得については、複数の保育者で休みを補い合い、順番に取得できることが理想です。同僚や先輩と休暇について相談できる関係づくりが対策といえるかもしれません。

プラス

休暇の届出は
できるだけ早く出す

● 年次有給休暇の届出は一般的に前日までとされているが、勤務シフトの調整などを考え、できるだけ早く出す。

● 休暇の取得には、まわりに迷惑をかけない配慮も必要。

「有給休暇取得の
義務化」を確認しておく

● 2019年4月の法改正で、雇用主は、有給休暇を10日以上付与された職員に対し、年に5日以上休暇を取得させることが義務化された。夏季休暇等にあてる園もあるようなので、確認しておくとよい。

年次有給の付与日数

年次有給休暇の付与日数は、週所定労働時間が30時間以上か、それ未満か、また短時間勤務の職員は週所定労働日数が何日かで付与日数に違いがあります。

また、各年8割以上出勤した職員は、勤続年数に応じた日数が取得できることになっています。雇用形態にかかわらず、パートタイムや期限のある労働契約の職員であっても取得する権利があります。

退職前に有給消化をしたい

就業時間・休暇

退職前に未消化の有給休暇を取得したいと申し出ましたが、引き継ぎができないという理由で認めてもらえません。

退職前であっても、有給休暇の取得は可能。
とはいえ、園の業務に支障が出ないかたちで退職できるように。

　有給休暇をまとめて取得することで業務が滞る場合、雇用主は有給休暇を別の日に変更させることができます。ところが退職を間近に控えた職員の場合、「別の日」が存在しないので、職員が有給休暇をまとめて取得することを雇用主は拒むことはできないことになります。

　ただし、長期休暇からそのまま退職をされると引き継ぎに支障が生じるなどの場合、園としては有給消化を認められないということになるでしょう。

　もし、園の了解が得られれば、消化しきれない有給休暇を園に買い上げてもらう、という方法があります。原則として、有給休暇の買い上げは禁じられていますが、退職によって消滅する有給休暇については例外的に認められています。

　このような措置をしてもらえるか園に相談し、引き継ぎを済ませ、園の業務に支障がないかたちで退職するのが望ましいでしょう。

有給休暇の基礎知識

● 有給休暇は、労働基準法によって定められた休暇。労働日について有給のまま勤務が免除される休暇、従業員が取得できる休暇のうち賃金が支払われる休暇を指す。

● 取得理由にきまりはなく、どのような理由でも従業員は有給休暇を取得できる。

● 有給休暇は付与後２年間はくり越されるが、これを過ぎると使えなくなる。

労働基準法　第39条

使用者は、その雇入れの日から起算して六箇月間継続勤務し全労働日の八割以上出勤した労働者に対して、継続し、又は分割した十労働日の有給休暇を与えなければならない。

Q·21

妊娠・出産

出産後も同じ
職場で働きたい

出産後に復職できない雰囲気があり、先輩は退職しました。子どもを産んでも同じ職場で働きたいのですが。

産・育休を取得できるかどうか、復帰した場合の勤務内容を園に確認してみましょう。

　出産後に復職できない雰囲気があるとのことですが、過去に育休を取得した職員が育休明けに退職するというケースが複数あり、園として職員の妊娠を快く思っていない可能性があります。

　また、育休明けの職員に対し、本人の同意なく担任を外すといった業務転換など、保育者にとって不利益な対応があり、先輩方は産後も働き続けようと思えず退職した可能性もあります。

　労働者は、産休および（原則として）育休を取得する権利があるので、出産後も同じ職場で働き続けることは可能です。希望するのであれば、思いを園に伝えてみましょう。

　その際、育休を取得することは可能か、復帰した場合に業務内容はどうなるのか、短時間勤務などに対応してもらえるのかなどについて確認しておきましょう。

プラス

安定期に入ったら妊娠を報告する

● 一般的には安定期（妊娠12週目以降）に入ってから報告する。
● つわりがひどく勤務に影響する場合などは、その前に報告する。

働き方についてまずは園長に相談する

● 妊娠中、出産後の働き方については、園長に相談をする。
● 妊娠の週数、出産予定日、体調、復帰希望なども合わせて伝える。

園長室

Q-22

妊娠中。勤務時間を変更したい

妊娠したため通勤ラッシュを避けたく、勤務時間の変更を申し出ましたが、「年間通してその時間でやるきまりがある」とのことで受け入れてもらえません。

A

主治医に「母性健康管理指導事項連絡カード」を作成してもらいましょう。

　妊娠中や産後1年以内の女性職員が健康診査等を受け、医師や助産師から指導を受けた場合、その指導事項を守ることができるように、雇用主は妊娠中の通勤・休憩に関する措置や、妊娠中や出産後の症状などに対応する措置を講じなければならないというきまりがあります。

　通勤ラッシュがつらいのであれば、まずは主治医に相談してみてください。そこで指導を受けたとみなされれば、園は適切な措置をとらざるを得ません。具体的な措置としては、時差通勤や勤務時間の短縮、交通手段・通勤経路の変更などが考えられます。

　通勤に関すること以外でも、園には職員の症状に合わせた細やかな対応が求められます。主治医に「母性健康管理指導事項連絡カード」を作成してもらい、配慮してほしい事柄を明確にしておきましょう。

母性健康管理指導事項連絡カード

母性健康管理指導事項連絡カードには、症状や医師の指導項目、雇用主（園）がおこなうべき具体的な措置についても記載できるようになっています。労働省のホームページからダウンロードできます。

https://www.mhlw.go.jp/file/06-Seisakujouhou-11200000-Roudoukijunkyoku/bosei_kenkoukanri.pdf

Q-23

妊娠・出産

つわりで 休みづらい

つわりで体調不良が続いています。できれば出産後もこの職場で働き続けたいので、迷惑をかけないようにと思うと休みづらく、無理をしてしまいます。

休業が必要な症状か 主治医に相談を。 産前6週間は、請求すれば 休業の取得ができます。

　つわりなどで勤務がままならないのであれば、一度主治医に相談しましょう。勤務時間の短縮などで乗り切れる症状かどうかは主治医や園との相談が必要であり、勝手な判断は危険です。

　妊娠中の体調について医師や助産師から指導を受けた場合は、その指導事項を守れるように、園は症状に応じた措置をとらなくてはならないことになっています（p.60参照）。

　出産後も働き続けたいのであればなおさら、早い段階から相談するほうが、園に迷惑をかけないことにつながるのではないでしょうか。無理をして切迫流産や切迫早産で入院することになれば、急に長期間休むことになるかもしれず、そのほうが迷惑をかけることになるでしょう。

　園に相談しながら制度をじょうずに利用し、自ら働きやすい環境をつくっていきましょう。

自分で体を守る
対策も必要

- 前かがみの作業や長時間の立ち仕事など、負担が大きい業務はできるだけせずにすむよう、園に相談する。
- 出勤時は「マタニティーマーク」をつける。

持ちます

ありがとうございます

妊娠中、休業が必要だとみなされる症状

自宅での休業が必要だと見なされる症状は以下の通りです。
- ・切迫流産や切迫早産
- ・Hb 9 g/dl未満の貧血
- ・妊娠浮腫や妊娠高血圧症　など

いずれも重症の場合は入院加療が必要になります。

産前・産後に取得できる休業

出産前・出産後、復職後に取得できる休業について、おもに労働基準法に定められたものをまとめます。

産前休業	出産予定日の6週間前（多胎児は14週間前）からは、請求すれば休暇をとることができる（労働基準法第65条）。
産後休業	出産後翌日から8週間は就業することができない。ただし、産後6週間を経過後に本人が請求し、医師が認めた場合には就業することができる（労働基準法第65条）。 ※予定より遅れて出産した場合は、予定日から出産当日までの期間は産前休業に含まれ、産後8週間は「産後休業」として確保される。
育児休業	申し出により、子が1歳に達するまでの間、育児休業をすることができる（一定の範囲の期間雇用者も対象）。 （育児・介護休業法第5条〜第9条）
母性健康管理措置	妊娠中と産後1年を経過しない女性は、主治医から指示があったときは、健康診査に必要な時間の確保を申し出ることができる。また、指導を受けた場合には、必要な措置を受けることができる（男女雇用機会均等法第12条、第13条）

育児時間	生後1年に達しない子を育てる女性は、1日2回各々少なくとも30分間の育児時間を請求できる（労働基準法第67条）
時間外労働、休日労働、深夜業の制限	（変形労働時間の適用制限、危険有害業務の就業制限） 産後1年を経過しない女性には、妊娠中と同様に危険有害業務、時間外労働、休日労働、深夜業等が制限される（労働基準法第64条の3、第66条）

Q-24

妊娠・出産

同じ職場に戻りたくない

育休中に精神疾患になり、休職していました。復職できる状態になったので、系列の違う園を希望しましたが、同じ職場に戻るのがきまりと言われました。どうしたらよいでしょうか。

復職後、業務の軽減など
必要であれば
診断書で医師に示してもらいます。

　復職も人事権の行使ですから、復職の可否や復職後の職場を決定するのは雇用主です。したがって、復職先の職場が希望通りの園になるとは限りません。

　もっとも自分の考えを園に伝えることは自由なので、復職をスムーズに進めるためにも、復職後の業務について希望があるのであれば、復職に先立って園に伝えておくべきです。

　また、主治医（産業医がいる場合には産業医）にも自分の状態を伝え、医学的観点から業務上の配慮が必要な場合には、その旨を診断書に書いてもらうとよいでしょう。

　なお、病気が完全に治癒していない場合は、復職当初は軽易な業務に就き、そこで通常業務へ復帰できる程度に回復していれば、復職可能という判断になります。復帰後にどういった業務ができるか判断するために、治癒の程度や治療継続の必要性、服薬の影響なども、主治医から伝えてもらうといいでしょう。

🌱 休職制度の基礎知識

- ●「休職」とは、職務に従事することが不可能な場合などに職員の地位を維持させたまま、労務提供を免除するもの。園が命じるもので、職員の意思では休職できない。

- ●休職制度は、法律上の義務ではなく、就業規則等で定められるため、園によって内容が異なる。

- ●休職期間は、園によって認められる期間が異なる。休職期間が過ぎても病気が治癒せず職務に復帰できない場合は、基本的に退職となる。

Q.25 復職で異動辞令。断ることは可能？

妊娠・出産

育児休暇から復職するにあたり、家から勤務時間が1時間半かかる園への異動辞令がでました。断って、もとの園で働き続けることは可能ですか。

A 転勤は育児の妨げにならないことが定められています。園と話し合いましょう。

　使用者である園は人事権をもっていますから、業務に必要な範囲で職員の配置を決定できるのが原則です。もっとも法律上、職員に転勤等を命じる場合には、育児や介護の状況に配慮しなければならないとされており、また職員が妊娠・出産したことを理由に解雇・降格などの不利益な取り扱いをしてはならないと定められています。

　いずれにしても異動を受け入れなければならないかは、異動を命じる業務の必要性と、異動によって被る不利益の内容のバランスで決まることになります。通常のケースに比べ、育児休暇から復職する際の異動には、より慎重な配慮が園に求められています。異動辞令が出た理由の確認も含め、園と話し合ってみましょう。

育児・介護休業法の基礎知識

育児や介護と仕事の両立を支援するための「育児・介護休業法」のポイントを押さえます。

● 原則として、育児休業、介護休業が認められている。

● 小学校就学前の子どもを育てている場合、子どもが病気やけがをしたときの看護や、予防接種、健康診断などの際に休暇をとることができる。

● 3歳に達するまでの子を養育する労働者について、短時間勤務の措置（1日原則6時間）が義務づけられている。

● 3歳に達するまでの子を養育する、または要介護状態にある対象家族を介護する労働者が請求した場合、原則として、所定外労働（残業）を免除しなければならない。

● 育児または介護をする労働者を転勤させようとする場合は、その育児、または介護の状況に配慮しなければならない。

短時間勤務。
残業代がでない

育児中で短時間勤務をしていますが、その時間に帰れないことが多く、残業代もでません。短時間勤務の職員がほかにいないため、肩身が狭く、頼まれたらやってしまいます。

育児による短時間勤務や
残業の制限は労働者の権利。
カバーし合える環境づくりを
相談してみましょう。

　雇用主は3歳未満の子どもを育てる職員から申し出があった場合、原則として、すべての労働日の所定労働時間を6時間に短縮しなければならないとされています。また、育児や介護中の職員は、残業（所定時間外労働、法定時間外労働）や深夜労働の制限を園に求めることができ、園は事業の正常な運営を妨げる場合を除き、これに応じなければなりません（64・65ページ参照）。

　肩身が狭いという気持ちはわかりますが、労働者の権利は守られるものなので、一度園に相談してみましょう。同僚にもフォローをお願いできるか、聞いてみるといいかもしれません。

　今後、育児のために短時間勤務をする職員がほかにも出てくるかもしれません。互いにカバーし合える環境をつくれるといいですね。

プラス

相手への敬意をもち お願いしてみる

- 声に出して伝えなければ伝わらない。
- 「力を貸していただけると助かります」というスタンスで伝える。

感謝の気持ちを しっかり伝える

- 助けてもらったときは、「ありがとうございました」「助かりました」と声に出して伝える。

育児中の短時間勤務のイメージ

	9:00　　　　　12:00 12:45　　　　　　　　17:45		
所定労働時間 （8時間）	労働時間	休憩 45分	労働時間

	9:00　　　　　12:00 12:45　　　　15:45		
3歳未満の子を 育てる職員の勤務時間 （6時間）	労働時間	休憩 45分	労働時間

Q27 正職員になりたい

雇用関係

正職員を望んで園の面接を受けましたが、まずは契約職員からと言われました。入職にあたって、正職員になる約束をとりつけることはできますか。

正職員への転換制度の有無をまず確認します。

　正職員への転換制度があるかないかは職場によって異なります。事前に、正職員への転換制度があるかどうかを園に確認しましょう。

　転換制度がある場合は、その募集内容などを確認しておくことをおすすめします。

　また、制度自体がなくても、正職員への転換の可能性がないというわけではないので、正職員になる約束をとりつけるのはむずかしいとしても、希望は伝えておいたほうがいいでしょう。

就業規則を確認する

- すでに契約職員として働いている場合、正職員への転換制度については、就業規則や労働条件通知書で確認ができる。
- 勤務する園に正職員への転換制度があり、正職員への転換を希望する場合は、告知等を見逃さないようにする。

雇用形態の違い

正規雇用（正職員・正社員）

- 雇用期間の定めがない無期雇用契約。
- フルタイムで働き、転勤や人事異動に制約がない。

（種類）
　勤務地限定正職員・正社員：勤務地が限定される
　職務限定正職員・正社員：職務が限定され、人事異動が限られる
　なども含まれる。

非正規雇用（非正職員・非正社員）

- 雇用期間に定めがある職員・社員や、労働日・労働時間が正職員・正社員よりも少ない。
- 採用手続きも、正職員・正社員に比べると簡素化されていることが多い。

（種類）
　・契約職員（社員）　　・派遣職員（社員）　　・嘱託職員（社員）
　・パートタイム労働者　　・アルバイト
　・非常勤職員（社員）　　・臨時職員（社員）
　などがある。

Q-28

雇用関係

PCが苦手で退職をすすめられた

ICTが導入されるにあたり、PC操作がむずかしく手間取っていたら、やんわりと退職をすすめられました。

パソコンスキルは保育者として働くために必要。園に研修の実施を依頼しましょう。

　保育の仕事は、子どもの保育以外にも行事の準備や事務作業など多岐にわたります。近年、保育園などの事務作業もパソコンでおこなうことが多くなり、「指導計画」は6割、「園だより」は8割がパソコンで作成されているというアンケート結果もあります。

　保育者として、パソコンスキルやICTによる情報管理、情報分析、情報発信などのスキルを身につけることは必須となってきたといってもよいでしょう。操作が不慣れなために効率が悪くなってしまうのであれば、スキルを上げる努力をするべきです。

プラス

パソコンの研修を
おこなってほしいという
要望を出してみる

- パソコンのスキルをアップし
  たい思いを園に伝える。
- 研修の実施について同僚にも
  声をかける。

仲間とともに
勉強会を開く

- パソコンスキルの高い
  同僚に依頼し、苦手な
  仲間にも声をかけ、勉
  強会を開く。

時間がかかっても
あきらめない

- 苦手だからだと避けず、
  時間がかかっても最後
  までやることが大事。
- 使えば使うほどスキル
  は上達する。

ICTの基礎知識

園におけるITCの活用について、まとめます。

ICTとは
Information and Communication Technologyの略で、日本語では「情報通信技術」と訳される。

ICTの利点
慣れてしまえば、手書きより短時間で作業ができ、文字も読みやすく、修正や更新が簡単にできるという利点がある。

ICTでできる園関係の業務

- 登降園管理
- 勤務ソフト作成
- 保育管理（施設管理・園児管理・指導計画・保育記録）
- モバイル連絡帳
- 栄養計算・食事摂取分析　　など

クラス担任に便利なツール

指導計画の作成

- 月齢別年間指導計画から日報まで、様々な文書の入力が簡単にできる。
- 年間指導計画や月間指導計画のテンプレートは、作成時の資料としても利用可能。
- 前年度の入力内容が確認でき、月案などでは前年同月の内容を選択して入力できる。
- 項目の変更ができ、園の方針に合わせて作成できる。

保育記録

- 成長過程の記録を、園児個々に記録することができる。
- 必要な項目を立てられる。
- 記録の検索・確認が簡単にでき、要録作成時などにも役立つ。

Q-29

雇用
関係

雇用契約が更新されるか不安

有期雇用契約ですが、更新されるかが不安です。有期雇用契約に関して、有期雇用契約の職員が守られる制度などはありますか?

客観的に合理的な理由がなければ、契約は更新されることになっています。

　園と期間の定めのある労働契約を結んでいる有期契約職員について、期間満了時に契約を更新せず、労働関係を終了させることを「雇止め」といいます。有期契約であっても更新がくり返され、次回も契約が更新されるだろうという合理的な期待が認められる場合には、「雇止め」が制限されます。すなわち、客観的に合理的な理由があり、社会一般からみても相当と認められるような場合以外、雇止めは認められません。雇止めされない場合は、原則としてこれまでと同じ労働条件で契約が更新されることになります。

　また、同一の雇用主との間の有期労働契約がくり返し更新され通算5年を超えた場合、職員の申し出によって、雇用主は原則として期間の定めのない無期労働契約に転換しなければならないとされています（労働契約法第18条）。転換後は、定年まで働くことができます。

プラス

折にふれて希望を伝えておく

●長く働き続けたい希望があるなら、面談の機会などに伝えておく。

契約内容を理解しておく

●労働契約書や労働条件通知書などで、自分の契約内容を把握しておく。
●自分の契約に関する基本的な知識を理解しておく。

有期労働契約の基礎知識

＜契約更新の有無やその判断基準の明示＞

●有期労働契約の締結に際し、雇用主は職員に対して「更新の有無」「更新及び雇止めの判断基準」を明示しなければならない。
●上記事項について、「労働契約書」「労働条件通知書」などの書面を交付して示さなければならない。

＜雇止めの予告＞

●有期労働契約が3回以上更新されている、または1年を超えて継続勤務している職員について契約を更新しない場合、少なくとも契約満了の30日前までにその予告をしなければならない。

Q-30

雇用関係

パートから正職員に転換したい

パートで10年以上勤務しています。長い業務時間を求められるようになったため正職員を希望しましたが、断られました。納得できません。

パート職員の差別的取り扱いは禁止。
待遇に関して説明を求めましょう。

　パートタイム労働法により、パートタイムの職員が正職員へ転換するチャンスを整えることが雇用主に義務づけられています。同法上のパートタイム労働者とは、1週間の所定労働時間が、同一の事業所に雇用される通常の労働者の1週間の所定労働時間に比べて短い労働者のことです。

　また同法では、パートタイム職員について、①職務の内容、②人材活用の仕組み・運用などが正職員と同一であれば、賃金や教育訓練などにおいて差別的に取り扱ってはならないとされています。

　さらにパートタイム労働法では、雇用主が職員に対し、待遇に関して説明することを義務づけています。今回の判断にあたって何を考慮したのか、もう一度園に尋ねてみましょう。

パートタイム職員の待遇に関する基礎知識

パートタイム労働法の改正により、パートタイム職員に対する差別的な待遇が禁じられるようになっています。

①職務内容（業務の内容および責任）	②人材活用の仕組みや運用など（人事異動の有無および範囲）	賃金			教育訓練		福利厚生	
		職務に関連した賃金 ●基本給 ●賞与 ●役付手当等の勤務手当 ●精皆勤手当	左記以外の賃金 ●退職手当 ●住宅手当 ●家族手当 ※ ●通勤手当等	職務遂行に必要な能力を付与するもの		左記以外のもの（例、キャリアアップのための訓練など）	健康の保持または業務の円滑な遂行のための施設（例、給食施設、休憩室、更衣室）の利用	左記以外のもの（例、慶弔休暇、社宅の貸与など）
正職員と比較して①や②が								
同じ	同じ	●	●	●		●	●	●
同じ	異なる	▲	—	○		▲	○	—
異なる	異なる	▲	—	▲		▲	○	—

マークの説明	● ＝ パートタイム職員であることを理由とする差別的取り扱いが禁じられるもの ○ ＝ パートタイム職員に対しても実施・配慮しなければならないもの ▲ ＝ パートタイム職員の職務の内容、成果、意欲、能力、経験などを勘案するよう努めなければならないもの — ＝ パートタイム労働指針に基づき、パートタイム職員の就業実態、正規職員との均衡等を考慮するよう努めるもの

※実際に通勤に要する交通費等の有無や金額にかかわらず一律の金額が支払われている場合など、名称は「通勤手当」であっても、実態としては基本給などの職務に関連した賃金の一部として支払われている場合などは「職務に関連した賃金」となる。

※パートタイム労働法は、パートタイム労働者の「公正な待遇の実現」を目的として平成26年4月に改正され、平成27年4月1日に施行された。

Q.31

親の看病のため
すぐに退職したい

親が病気で倒れ、看病のためにすぐに退職したいと
申し出ました。しかし、就業規則で退職届は1か月
前までに出さなければならないと決められているた
め受理されませんでした。このような場合の対策は
あるのでしょうか。

退職せず、介護休業を取得する
という方法もあります。

　退職には、職員の一方的な申し入れによる「退職」と、
雇用主と職員との合意による「合意退職」があります。
合意退職は、雇用主と職員の間で退職日を任意に設定
することができますが、退職の場合は申し入れてすぐ
に辞められるわけではありません。

　親の看病で働けないということであれば、介護休業
の取得ができます。ただし、介護休業も開始する2週
間前までには申請書を出す配慮が必要です。

　できるかぎり業務に支障が出ないようにする気持ち
を伝えながら、まずは有給休暇の取得を申し出て、休
業または退職の相談をしてみてはどうでしょう。

介護休業の取得

「要介護状態」にある家族を介護する職員（日雇い職員を除く）は、介護を要する家族1人につき通算93日間の範囲内で「介護休業」を取得できることになっています。

また、介護休業は、必要な介護の内容に応じて3回を上限に分割できます。

介護休業の分割取得の例

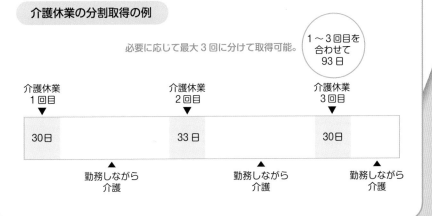

必要に応じて最大3回に分けて取得可能。

1～3回目を
合わせて
93日

介護休業1回目	介護休業2回目	介護休業3回目
▼	▼	▼
30日	33日	30日

勤務しながら介護　　勤務しながら介護　　勤務しながら介護

Q-32

健康管理

健康診断、医療機関を変えたい

園で健康診断の受診が定められており、医療機関が指定されています。自宅から遠い病院なのでほかで受診したいのですが、その場合も費用を出してもらえますか。

医療機関が指定されている場合、それ以外での受診は基本的に自己負担となります。園に確認してみましょう。

　健康診断は法律に基づくもので、雇用主は職員に1年以内ごとに1回の定期健康診断を受けさせなければならないという実施義務があります。このため定期健康診断の費用は園が負担することになります。

　ただし、雇用主が健康診断を受診する医療機関を指定している場合は、それ以外の医療機関で受けた場合の費用は基本的に自己負担となるとされています。ですので、ほかの病院で受診したいということ、その場合の費用負担がどうなるのかを、園に確認してみましょう。

　なお、乳がん検診や子宮がん検診などオプションで受ける検査はすべて自己負担となります。

プラス

定期健康診断と合わせて、予防接種や検査を受ける

●自分の予防接種歴や罹患歴を確認し、必要と思われる予防接種や検査を受ける。

自身の健康管理につとめる

●検査結果をふまえて生活を見直す。
●異常が見つかったり、治療の必要があるときは、園と相談する。

定期健康診断の項目

1．既往歴および業務歴の調査
2．自覚症状および他覚症状の有無の検査
3．身長、体重、腹囲、視力、聴力の検査
4．胸部エックス線検査
5．血圧の測定
6．貧血検査
7．肝機能検査
8．血中脂質検査
9．血糖検査
10．尿検査
11．心電図検査
12．喀痰検査※

※胸部エックス線検査で病変が確認できない場合は省略が可能

Q33

健康
管理

休職中の収入が不安

精神疾患で医師から仕事をしばらく休むように言われ、園に休職扱いを依頼しようと思います。ただ、この間、収入が途切れるのが不安です。

傷病手当金は休職中、雇用主から十分な報酬が受けられない場合に支給されます。

　「休職」は、職員としての地位を維持したまま労働が免除される制度です。ただし、休職は園が命ずるものであって、職員の希望で決められるものではありません。まずは、園に医師の診断書を提示し、体調について説明し、相談をしましょう。

　次に、休職の間の収入についてですが、対応は園によって異なります。就業規則を確認する、または園に直接、休職中の給与の支払いはどうなるのかを聞いてみましょう。園から十分な報酬が受けられない場合には、「傷病手当金」が健康保険組合などから支給されます。

　なお、休職中に十分な額の給与の支払いがある場合は、傷病手当金は支給されません。また、傷病手当金の支給期間は1年6か月です。

傷病手当金の申請

手当金の受給には申請が必要で、申請は被保険者がおこないます。

＜申請方法＞

①傷病手当金申請書（健康保険組合に問い合わせる。HPがあればダウンロードが可能）

②申請書の記入をする。

　・「療養担当者が意見を記入する欄」は、医師に記入を依頼する。

　・「事業主が証明する欄」は、園に記入を依頼する。

③必要添付書類（賃金台帳、出勤簿など）を用意する。

④申請書、必要添付書類を提出または郵送する。

＜支給開始日＞

連続して3日間（待期）の後、4日目以降の仕事に就けなかった日に対して支給される。

＜支給される額＞

基本的には支給開始日以前の継続した12か月間の各月の標準報酬月額を平均した額を30日で割り、そこに3分の2を掛けた額が支給日額になる。

保険給付の種類

公的医療保険の被保険者が受けられる給付にはどのようなものがあるか、一覧にしました。万が一に備えて、把握しておきましょう。

保険給付の種類と内容

区　分	給付の種類	
病気やケガをしたとき	被保険者	被扶養者
被保険者証で治療を受けるとき	療養の給付 入院時食事療養費 入院時生活療養費 保険外併用療養費 訪問看護療養費	家族療養費 家族訪問看護療養費
立て替え払いのとき	療養費 高額療養費 高額介護合算療養費	家族療養費 高額療養費 高額介護合算療養費
緊急時などに移送されたとき	移送費	家族移送費
療養のため休んだとき	傷病手当金	

区　分	給付の種類	
	被保険者	被扶養者
出産したとき	出産育児一時金 出産手当金	家族出産育児 一時金
死亡したとき	埋葬料（費）	家族埋葬料（費）
退職したあと （継続または一定期間の給付）	傷病手当金 出産手当金 出産育児一時金 埋葬料（費）	

※保険申請については、手当金によって申請書類が異なるので、
　加盟する健康保険組合に問い合わせます。

Q34

健康
管理

精神面の不調で
解雇される？

メンタル面の不調があるのではと、専門医の受診を
何度もすすめられます。受診して精神的な病気だと
診断されたら、解雇されるのではないかと心配です。

A 雇用主には職員が健康を
害さないように
配慮する義務があります。

　雇用主は職員が働くうえで健康を害さないように配
慮する義務（安全配慮義務）を負っています。不調が
うかがえる職員に受診を促すのは当然であり、受診義
務について就業規則で定めてある場合もあります。就
業規則に定めがない場合でも、安全配慮義務という意
味で、受診を命じられることもあります。

　園として、職員の健康を考えての対応であり、解雇
を目的にすすめているわけではないことを理解し、自
身の健康のためにも受診をしたほうがよいでしょう。

　なお、園が業務命令として受診を指示する場合、正
当な理由なくこれを拒めば命令違反となり、懲戒処分
になる可能性もあります。受診を拒むほうが不利益と
なることも念頭においてください。

ストレスチェック
検査を受ける

● 自身の体調管理のためにも、ストレスチェック検査を定期的に受けるとよい。

業務の軽減などを
相談する

● ストレスチェックの結果によって、希望すれば医師の面接指導を受けることができる。
● 医師の助言によっては、園に業務の軽減などを相談する。

※常時働く職員が50人以上の事業所では、毎年1回ストレスチェック検査（ストレスに関する質問票に記入し、それを集計・分析することでストレス状態を調べる）を原則、全職員に対しておこなうことが義務づけられている。

ストレスチェック検査の実施

厚生労働省から、ストレスチェック検査の実施マニュアルや、調査票テンプレートが提供されています。

＜ストレスチェック制度実施マニュアル＞

https://www.mhlw.go.jp/bunya/roudoukijun/anzeneisei12/pdf/150507-1.pdf

＜職業性ストレス簡易調査票（57項目）＞

https://www.mhlw.go.jp/bunya/roudoukijun/anzeneisei12/dl/stress-check_j.pdf

※職業性ストレスチェック調査票（簡易版）を92～93ページに掲載。

職業性ストレス簡易調査票（簡易版）

回答を医師などの実施者が集計・分析し、回答者のストレスがどのような状態にあるのかを調べます。

A あなたの仕事についてうかがいます。
最もあてはまるものに○を付けてください。

	そうだ	まあそうだ	ややちがう	ちがう
非常にたくさんの仕事をしなければならない ………	1	2	3	4
時間内に仕事が処理しきれない ……………………	1	2	3	4
一生懸命働かなければならない ……………………	1	2	3	4
自分のペースで仕事ができる ………………………	1	2	3	4
自分で仕事の順番・やり方を決めることができる ……	1	2	3	4
職場の仕事の方針に自分の意見を反映できる ………	1	2	3	4

B 最近1か月間のあなたの状態についてうかがいます。
最もあてはまるものに○を付けてください。

	ほとんどなかった	ときどきあった	しばしばあった	ほとんどいつもあった
ひどく疲れた …………………………………………	1	2	3	4
へとへとだ ……………………………………………	1	2	3	4
だるい …………………………………………………	1	2	3	4
気がはりつめている …………………………………	1	2	3	4
不安だ …………………………………………………	1	2	3	4
落ち着かない …………………………………………	1	2	3	4

	ほとんどなかった	ときどきあった	しばしばあった	ほとんどいつもあった
ゆううつだ	1	2	3	4
何をするのも面倒だ	1	2	3	4
気分が晴れない	1	2	3	4
食欲がない	1	2	3	4
よく眠れない	1	2	3	4

C　あなたの周りの方々についてうかがいます。最もあてはまるものに○を付けてください。

次の人たちはどのくらい気軽に話ができますか？	非常に	かなり	多少	全くない
上司	1	2	3	4
職場の同僚	1	2	3	4

あなたが困った時、
次の人たちはどのくらい頼りになりますか？

上司	1	2	3	4
職場の同僚	1	2	3	4

あなたの個人的な問題を相談したら、
次の人たちはどのくらいきいてくれますか？

上司	1	2	3	4
職場の同僚	1	2	3	4

著者・監修者紹介

チャイルド社

教育・保育に関する商品・サービスを企画・販売・提供。
近年では食育・建築・コンサルタント事業・職員の紹介業・
就学前幼児教室「こぐまチャイルド会」などの事業展開、
保育園（パピーナ保育園他）の運営も行っている。

参考文献
『選ばれる園になるための労務管理』
『選ばれる園になるための保育者研修』
『どうする、園の「働き方改革」』
以上、チャイルド社刊

STAFF

8569

保育者応援BOOKS

保育者の働き方Q&A

2019年10月　初版第1刷発行

企画監修●柴田豊幸
編著・監修●チャイルド社
装丁・デザイン●長谷川由美・千葉匠子
イラスト●中小路ムツヨ
編集●こんぺいとぷらねっと

発行者●柴田豊幸
発行所●株式会社チャイルド社
　　　　〒167-0052　東京都杉並区南荻窪4-39-11
　　　　TEL　03-3333-5105
　　　　http://www.child.co.jp/